M000170044

Address Book
of

_____

_____

_____

ADDRESSES

Name

Address

Phone

Name

Address

Phone

Name

Address

Phone

Name

Address

Phone

Name

Address

Phone

Name

Address

Phone

Name

Address

Phone

A

Name

Address

Phone

Name

Address

Phone

Name

Address

Phone

Name

Address

Phone

Name

Address

Phone

Name

Address

Phone

Name

Address

Phone

Name

Address

Phone

Name

Address

Phone

Name

Address

Phone

Name

Address

Phone

Name

Address

Phone

Name

Address

Phone

Name

Address

Phone

A

Name

Address

Phone

Name

Address

Phone

Name

Address

Phone

Name

Address

Phone

Name

Address

Phone

Name

Address

Phone

Name

Address

Phone

Name

Address

Phone

Name

Address

Phone

Name

Address

Phone

Name

Address

Phone

Name

Address

Phone

Name

Address

Phone

Name

Address

Phone

A

Name

Address

Phone

Name

Address

Phone

Name

Address

Phone

Name

Address

Phone

Name

Address

Phone

Name

Address

Phone

Name

Address

Phone

Name

Address

Phone

Name

Address

Phone

Name

Address

Phone

Name

Address

Phone

Name

Address

Phone

Name

Address

Phone

Name

Address

Phone

B

Name

Address

Phone

Name

Address

Phone

Name

Address

Phone

Name

Address

Phone

Name

Address

Phone

Name

Address

Phone

Name

Address

Phone

Name

Address

Phone

Name

Address

Phone

Name

Address

Phone

Name

Address

Phone

Name

Address

Phone

Name

Address

Phone

Name

Address

Phone

B

Name

Address

Phone

Name

Address

Phone

Name

Address

Phone

Name

Address

Phone

Name

Address

Phone

Name

Address

Phone

Name

Address

Phone

Name

Address

Phone

Name

Address

Phone

Name

Address

Phone

Name

Address

Phone

Name

Address

Phone

Name

Address

Phone

Name

Address

Phone

B

Name

Address

Phone

Name

Address

Phone

Name

Address

Phone

Name

Address

Phone

Name

Address

Phone

Name

Address

Phone

Name

Address

Phone

Name

Address

Phone

Name

Address

Phone

Name

Address

Phone

Name

Address

Phone

Name

Address

Phone

Name

Address

Phone

Name

Address

Phone

Name

Address

C

Phone

Name

Address

Phone

Name

Address

Phone

Name

Address

Phone

Name

Address

Phone

Name

Address

Phone

Name

Address

Phone

Name

Address

Phone

Name

Address

Phone

Name

Address

Phone

Name

Address

Phone

Name

Address

Phone

Name

Address

Phone

Name

Address

Phone

Name

Address

Phone

Name

Address

Phone

Name

Address

Phone

Name

Address

Phone

Name

Address

Phone

Name

Address

Phone

Name

Address

Phone

Name

Address

Phone

Name

Address

Phone

Name

Address

Phone

Name

Address

Phone

Name

Address

Phone

Name

Address

Phone

Name

Address

Phone

Name

Address

Phone

Name

Address

Phone

Name

Address

Phone

Name

Address

Phone

Name

Address

Phone

Name

Address

Phone

Name

Address

Phone

Name

Address

Phone

Name

Address

Phone

Name

Address

Phone

Name

Address

Phone

Name

Address

Phone

Name

Address

Phone

Name

Address

Phone

D

D

Name

Address

Phone

Name

Address

Phone

Name

Address

Phone

Name

Address

Phone

Name

Address

Phone

Name

Address

Phone

Name

Address

Phone

Name

Address

Phone

Name

Address

Phone

Name

Address

Phone

Name

Address

Phone

Name

Address

Phone

Name

Address

Phone

Name

Address

Phone

D

Name

Address

Phone

Name

Address

Phone

Name

Address

Phone

Name

Address

Phone

Name

Address

Phone

Name

Address

Phone

Name

Address

Phone

Name

Address

Phone

Name

Address

Phone

Name

Address

Phone

Name

Address

Phone

Name

Address

Phone

Name

Address

Phone

Name

Address

Phone

D

Name

Address

Phone

Name

Address

Phone

Name

Address

Phone

Name

Address

Phone

Name

Address

Phone

Name

Address

Phone

Name

Address

Phone

Name

Address

Phone

Name

Address

EF

Phone

Name

Address

Phone

Name

Address

Phone

Name

Address

Phone

Name

Address

Phone

Name

Address

Phone

Name

Address

Phone

Name

Address

Phone

Name

Address

Phone

Name

Address

Phone

Name

Address

Phone

Name

Address

Phone

Name

Address

Phone

Name

Address

Phone

Name

Address

Phone

Name

Address

Phone

Name

Address

Phone

Name

Address

Phone

Name

Address

Phone

Name

Address

Phone

EF

Name

Address

Phone

Name

Address

Phone

Name

Address

Phone

Name

Address

Phone

Name

Address

Phone

Name

Address

Phone

Name

Address

Phone

Name

Address

Phone

Name

Address

Phone

Name

Address

Phone

Name

Address

Phone

Name

Address

Phone

Name

Address

Phone

Name

Address

Phone

Name

Address

Phone

Name

Address

Phone

Name

Address

Phone

Name

Address

Phone

Name

Address

Phone

Name

Address

Phone

Name

Address

Phone

Name

Address

Phone

Name

Address

Phone

G

Name

Address

Phone

Name

Address

Phone

Name

Address

Phone

Name

Address

Phone

Name

Address

Phone

G

Name

Address

Phone

Name

Address

Phone

Name

Address

Phone

Name

Address

Phone

Name

Address

Phone

Name

Address

Phone

Name

Address

Phone

Name

Address

Phone

Name

Address

Phone

Name

Address

Phone

Name

Address

Phone

Name

Address

Phone

Name

Address

Phone

Name

Address

Phone

G

Name

Address

Phone

Name

Address

Phone

Name

Address

Phone

Name

Address

Phone

Name

Address

Phone

Name

Address

Phone

Name

Address

Phone

Name

Address

Phone

Name

Address

Phone

Name

Address

Phone

Name

Address

Phone

Name

Address

Phone

Name

Address

Phone

Name

Address

Phone

H

Name

Address

Phone

Name

Address

Phone

Name

Address

Phone

Name

Address

Phone

Name

Address

Phone

Name

Address

Phone

Name

Address

Phone

Name

Address

Phone

Name

Address

Phone

H

Name

Address

Phone

Name

Address

Phone

Name

Address

Phone

Name

Address

Phone

Name

Address

Phone

Name

Address

Phone

Name

Address

Phone

Name

Address

Phone

Name

Address

Phone

Name

Address

Phone

Name

Address

Phone

Name

Address

Phone

Name

Address

Phone

Name

Address

Phone

Name

Address

Phone

Name

Address

Phone

Name

Address

Phone

Name

Address

Phone

Name

Address

Phone

Name

Address

Phone

Name

Address

Phone

Name

Address

Phone

Name

Address

Phone

Name

Address

Phone

Name

Address

Phone

Name

Address

Phone

Name

Address

Phone

Name

Address

Phone

Name

Address

Phone

Name

Address

Phone

Name

Address

Phone

Name

Address

Phone

Name

Address

Phone

Name

Address

Phone

Name

Address

Phone

Name

Address

Phone

Name

Address

Phone

Name

Address

Phone

Name

Address

Phone

Name

Address

Phone

Name

Address

Phone

Name

Address

Phone

Name

Address

IJ

Phone

Name

Address

Phone

Name

Address

Phone

Name

Address

Phone

Name

Address

Phone

Name

Address

Phone

Name

Address

Phone

Name

Address

Phone

Name

Address

Phone

Name

Address

Phone

Name

Address

Phone

Name

Address

Phone

IJ

Name

Address

Phone

Name

Address

Phone

Name

Address

Phone

Name

Address

Phone

Name

Address

Phone

Name

Address

Phone

Name

Address

Phone

K

Name

Address

Phone

Name

Address

Phone

Name

Address

K

Phone

Name

Address

Phone

Name

Address

Phone

Name

Address

Phone

Name

Address

Phone

Name

Address

Phone

Name

Address

Phone

Name

Address

Phone

Name

Address

Phone

Name

Address

Phone

Name

Address

Phone

Name

Address

Phone

K

Name

Address

Phone

Name

Address

Phone

Name

Address

Phone

Name

Address

Phone

Name

Address

Phone

Name

Address

Phone

Name

Address

Phone

Name

Address

Phone

Name

Address

Phone

Name

Address

Phone

Name

Address

Phone

Name

Address

Phone

Name

Address

Phone

Name

Address

Phone

L

Name

Address

Phone

Name

Address

Phone

Name

Address

Phone

Name

Address

Phone

Name

Address

Phone

Name

Address

Phone

Name

Address

Phone

Name

Address

Phone

Name

Address

Phone

Name

Address

Phone

Name

Address

Phone

Name

Address

Phone

Name

Address

Phone

Name

Address

Phone

Name

Address

Phone

Name

Address

Phone

Name

Address

Phone

Name

Address

Phone

Name

Address

Phone

Name

Address

Phone

Name

Address

Phone

Name

Address

Phone

Name

Address

Phone

Name

Address

Phone

Name

Address

Phone

Name

Address

Phone

Name

Address

Phone

Name

Address

Phone

Name

Address

Phone

Name

Address

Phone

Name

Address

Phone

Name

Address

Phone

Name

Address

Phone

Name

Address

Phone

Name

Address

Phone

Name

Address

Phone

Name

Address

Phone

Name

Address

Phone

Name

Address

Phone

Name

Address

Phone

Name

Address

Phone

Name

Address

Phone

Name

Address

Phone

Name

Address

Phone

Name

Address

Phone

Name

Address

Phone

Name

Address

Phone

Name

Address

Phone

Name

Address

Phone

M

Name

Address

Phone

Name

Address

Phone

Name

Address

Phone

Name

Address

Phone

Name

Address

Phone

Name

Address

Phone

Name

Address

Phone

M

Name

Address

Phone

Name

Address

Phone

Name

Address

Phone

Name

Address

Phone

Name

Address

Phone

Name

Address

Phone

Name

Address

Phone

Name

Address

Phone

Name

Address

Phone

Name

Address

Phone

Name

Address

Phone

Name

Address

Phone

Name

Address

Phone

Name

Address

Phone

M

Name

Address

Phone

Name

Address

Phone

Name

Address

Phone

Name

Address

Phone

Name

Address

Phone

Name

Address

Phone

Name

Address

Phone

Name

Address

Phone

Name

Address

Phone

Name

Address

Phone

Name

Address

Phone

Name

Address

Phone

Name

Address

Phone

Name

Address

Phone

Name

Address

Phone

Name

Address

Phone

Name

Address

Phone

Name

Address

Phone

N

Name

Address

Phone

Name

Address

Phone

Name

Address

Phone

Name

Address

Phone

Name

Address

Phone

Name

Address

Phone

Name

Address

Phone

Name

Address

Phone

Name

Address

Phone

Name

Address

Phone

N

Name

Address

Phone

Name

Address

Phone

Name

Address

Phone

Name

Address

Phone

N

Name

Address

Phone

Name

Address

Phone

Name

Address

Phone

Name

Address

Phone

Name

Address

Phone

Name

Address

Phone

Name

Address

Phone

N

Name

Address

Phone

Name

Address

Phone

Name

Address

Phone

Name

Address

Phone

Name

Address

Phone

Name

Address

Phone

Name

Address

Phone

Name

Address

Phone

Name

Address

Phone

Name

Address

Phone

Name

Address

Phone

Name

Address

Phone

Name

Address

Phone

Name

Address

Phone

Name

Address

Phone

Name

Address

Phone

Name

Address

Phone

Name

Address

Phone

Name

Address

Phone

Name

Address

Phone

Name

Address

Phone

Name

Address

Phone

Name

Address

Phone

Name

Address

Phone

Name

Address

Phone

Name

Address

Phone

Name

Address

Phone

Name

Address

Phone

Name

Address

Phone

Name

Address

Phone

Name

Address

Phone

Name

Address

Phone

Name

Address

Phone

Name

Address

Phone

Name

Address

Phone

Name

Address

Phone

Name

Address

Phone

Name

Address

Phone

Name

Address

Phone

Name

Address

Phone

Name

Address

Phone

Name

Address

Phone

Name

Address

Phone

Name

Address

Phone

Name

Address

Phone

PQ

Name

Address

Phone

Name

Address

Phone

Name

Address

Phone

Name

Address

Phone

Name

Address

Phone

Name

Address

Phone

Name

Address

Phone

Name

Address

Phone

Name

Address

Phone

Name

Address

Phone

Name

Address

Phone

Name

Address

Phone

Name

Address

Phone

Name

Address

Phone

PQ

Name

Address

Phone

Name

Address

Phone

Name

Address

Phone

Name

Address

Phone

Name

Address

Phone

Name

Address

Phone

Name

Address

Phone

Name

Address

Phone

Name

Address

Phone

Name

Address

Phone

Name

Address

Phone

Name

Address

Phone

Name

Address

Phone

Name

Address

Phone

Name

Address

Phone

Name

Address

Phone

Name

Address

Phone

Name

Address

Phone

Name

Address

Phone

Name

Address

Phone

Name

Address

Phone

Name

Address

Phone

Name

Address

Phone

Name

Address

Phone

Name

Address

Phone

Name

Address

Phone

Name

Address

Phone

Name

Address

Phone

R

Name

Address

Phone

Name

Address

Phone

Name

Address

Phone

Name

Address

Phone

Name

Address

Phone

Name

Address

Phone

Name

Address

Phone

Name

Address

Phone

Name

Address

Phone

Name

Address

Phone

Name

Address

Phone

Name

Address

Phone

Name

Address

Phone

Name

Address

Phone

R

Name

Address

Phone

Name

Address

Phone

Name

Address

Phone

Name

Address

Phone

Name

Address

Phone

R

Name

Address

Phone

Name

Address

Phone

Name

Address

Phone

Name

Address

Phone

Name

Address

Phone

Name

Address

Phone

Name

Address

Phone

Name

Address

Phone

Name

Address

Phone

R

Name

Address

Phone

Name

Address

Phone

Name

Address

Phone

Name

Address

Phone

Name

Address

Phone

R

Name

Address

Phone

Name

Address

Phone

Name

Address

Phone

Name

Address

Phone

Name

Address

Phone

Name

Address

Phone

Name

Address

Phone

Name

Address

Phone

Name

Address

Phone

S

Name

Address

Phone

Name

Address

Phone

Name

Address

Phone

Name

Address

Phone

Name

Address

Phone

Name

Address

Phone

Name

Address

Phone

Name

Address

Phone

Name

Address

Phone

Name

Address

Phone

Name

Address

Phone

Name

Address

Phone

Name

Address

S

Phone

Name

Address

Phone

Name

Address

Phone

Name

Address

Phone

Name

Address

Phone

Name

Address

Phone

Name

Address

Phone

Name

Address

Phone

Name

Address

Phone

Name

Address

Phone

Name

Address

Phone

Name

Address

Phone

Name

Address

Phone

Name

Address

Phone

Name

Address

Phone

Name

Address

Phone

Name

Address

Phone

Name

Address

Phone

Name

Address

Phone

Name

Address

Phone

Name

Address

Phone

Name

Address

Phone

Name

Address

Phone

Name

Address

Phone

Name

Address

Phone

Name

Address

Phone

Name

Address

Phone

Name

Address

Phone

Name

Address

Phone

Name

Address

Phone

Name

Address

Phone

Name

Address

Phone

Name

Address

Phone

Name

Address

Phone

Name

Address

Phone

Name

Address

Phone

Name

Address

Phone

Name

Address

Phone

Name

Address

Phone

Name

Address

Phone

Name

Address

Phone

Name

Address

Phone

Name

Address

Phone

Name

Address

Phone

T

Name

Address

Phone

Name

Address

Phone

Name

Address

Phone

Name

Address

Phone

Name

Address

Phone

Name

Address

Phone

Name

Address

Phone

Name

Address

Phone

Name

Address

Phone

Name

Address

Phone

Name

Address

Phone

Name

Address

Phone

Name

Address

Phone

Name

Address

Phone

T

Name

Address

Phone

Name

Address

Phone

Name

Address

Phone

Name

Address

Phone

Name

Address

Phone

Name

Address

Phone

Name

Address

Phone

Name

Address

Phone

Name

Address

Phone

Name

Address

Phone

Name

Address

Phone

Name

Address

Phone

Name

Address

Phone

Name

Address

Phone

UV

Name

Address

Phone

Name

Address

Phone

Name

Address

Phone

Name

Address

Phone

Name

Address

Phone

Name

Address

Phone

Name

Address

Phone

UV

Name

Address

Phone

Name

Address

Phone

Name

Address

Phone

Name

Address

Phone

Name

Address

Phone

Name

Address

Phone

Name

Address

Phone

UV

Name

Address

Phone

Name

Address

Phone

Name

Address

Phone

Name

Address

Phone

Name

Address

Phone

Name

Address

Phone

Name

Address

Phone

UV

Name

Address

Phone

Name

Address

Phone

Name

Address

Phone

Name

Address

Phone

Name

Address

Phone

Name

Address

Phone

Name

Address

Phone

UV

Name

Address

Phone

Name

Address

Phone

Name

Address

Phone

Name

Address

Phone

Name

Address

Phone

Name

Address

Phone

UV

Name

Address

Phone

Name

Address

Phone

Name

Address

Phone

Name

Address

Phone

Name

Address

Phone

Name

Address

Phone

Name

Address

Phone

Name

Address

Phone

WX

Name

Address

Phone

Name

Address

Phone

Name

Address

Phone

Name

Address

Phone

Name

Address

Phone

Name

Address

Phone

Name

Address

Phone

WX

Name

Address

Phone

Name

Address

Phone

Name

Address

Phone

Name

Address

Phone

Name

Address

Phone

Name

Address

Phone

Name

Address

Phone

Name

Address

Phone

Name

Address

Phone

Name

Address

Phone

Name

Address

Phone

Name

Address

Phone

Name

Address

Phone

Name

Address

Phone

Name

Address

Phone

Name

Address

Phone

Name

Address

Phone

Name

Address

Phone

Name

Address

Phone

Name

Address

Phone

Name

Address

Phone

Name

Address

Phone

Name

Address

Phone

Name

Address

Phone

Name

Address

Phone

Name

Address

Phone

Name

Address

Phone

Name

Address

Phone

Name

Address

Phone

Name

Address

Phone

Name

Address

Phone

Name

Address

Phone

Name

Address

Phone

Name

Address

Phone

Name

Address

Phone

Name

Address

Phone

Name

Address

Phone

Name

Address

Phone

Name

Address

Phone

Name

Address

Phone

Name

Address

Phone

Name

Address

Phone

Name

Address

Phone

Name

Address

Phone

Name

Address

Phone

Name

Address

Phone

Name

Address

Phone

Name

Address

Phone

Name

Address

Phone

Name

Address

Phone

Name

Address

Phone

Name

Address

Phone

Name

Address

Phone

Name

Address

Phone

Name

Address

Phone

Name

Address

YZ

Phone

Name

Address

Phone

Name

Address

Phone

Name

Address

Phone

Name

Address

Phone

Name

Address

Phone

Name

Address

Phone

Name

Address

Phone

Name

Address

Phone

Name

Address

Phone

Name

Address

Phone

Name

Address

Phone

Name

Address

Phone

Name

Address

Phone

Name

Address

Phone

YZ

DATES TO REMEMBER

DATES TO REMEMBER

January

February

March

DATES TO REMEMBER

April
_____

May
_____

June
_____

DATES TO REMEMBER

July

August

September

DATES TO REMEMBER

October

November

December

NOTES

NOTES

NOTES

NOTES

NOTES